THIS WORKBOOK BELONGS TO:

BigRedBalloonBooks.com

Cover and page design by Big Red Balloon Studios - Copyright 2013

ISBN-13: 978-1491277959
ISBN-10: 1491277955

DRAW A PICTURE THAT STARTS WITH THE LETTER A

PRACTICE WRITING YOUR LETTERS

DRAW A PICTURE THAT STARTS WITH THE LETTER B

PRACTICE WRITING YOUR LETTERS

B B B B B B B B B B B B B B

B B B B B B B B B B B B B B

b b b b b b b b b b b b b b

b b b b b b b b b b b b b b

DRAW A PICTURE THAT STARTS WITH THE LETTER C

PRACTICE WRITING YOUR LETTERS

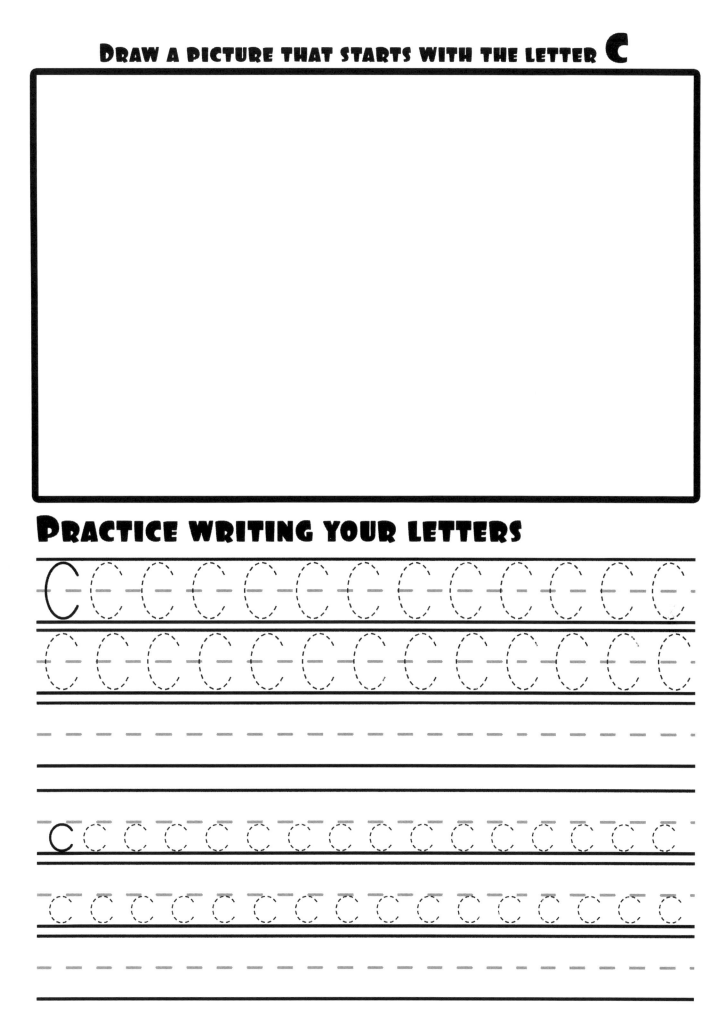

DRAW A PICTURE THAT STARTS WITH THE LETTER D

PRACTICE WRITING YOUR LETTERS

D D D D D D D D D D D D D

D D D D D D D D D D D D D

d d d d d d d d d d d d

d d d d d d d d d d d d

DRAW A PICTURE THAT STARTS WITH THE LETTER E

PRACTICE WRITING YOUR LETTERS

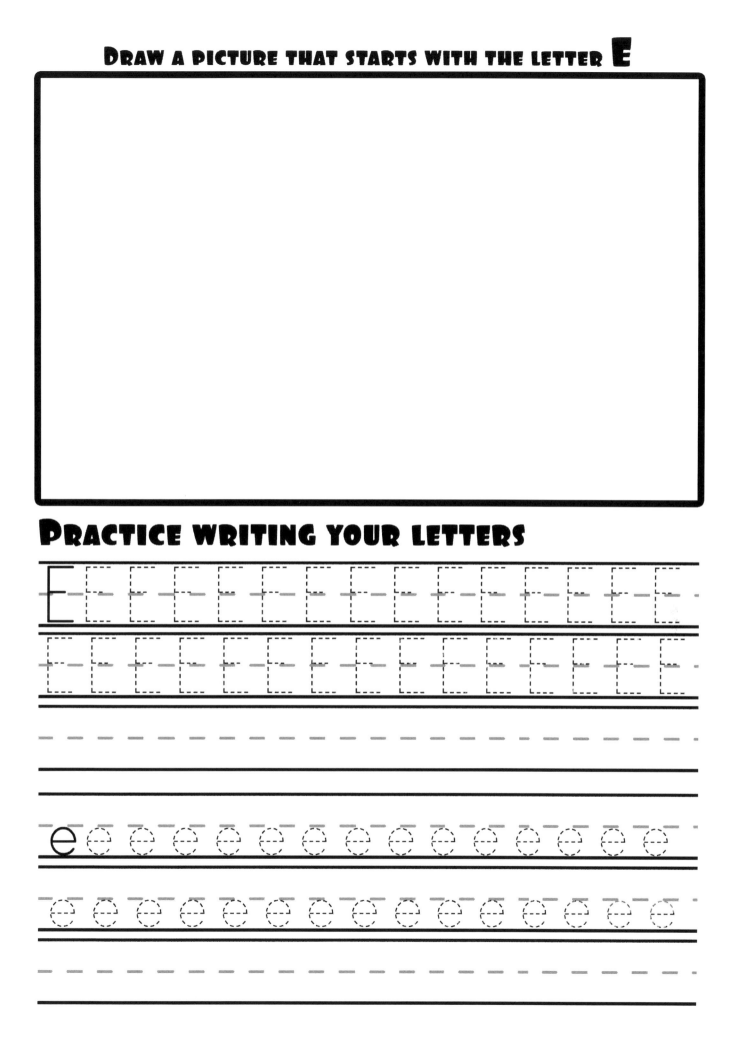

DRAW A PICTURE THAT STARTS WITH THE LETTER F

PRACTICE WRITING YOUR LETTERS

DRAW A PICTURE THAT STARTS WITH THE LETTER G

PRACTICE WRITING YOUR LETTERS

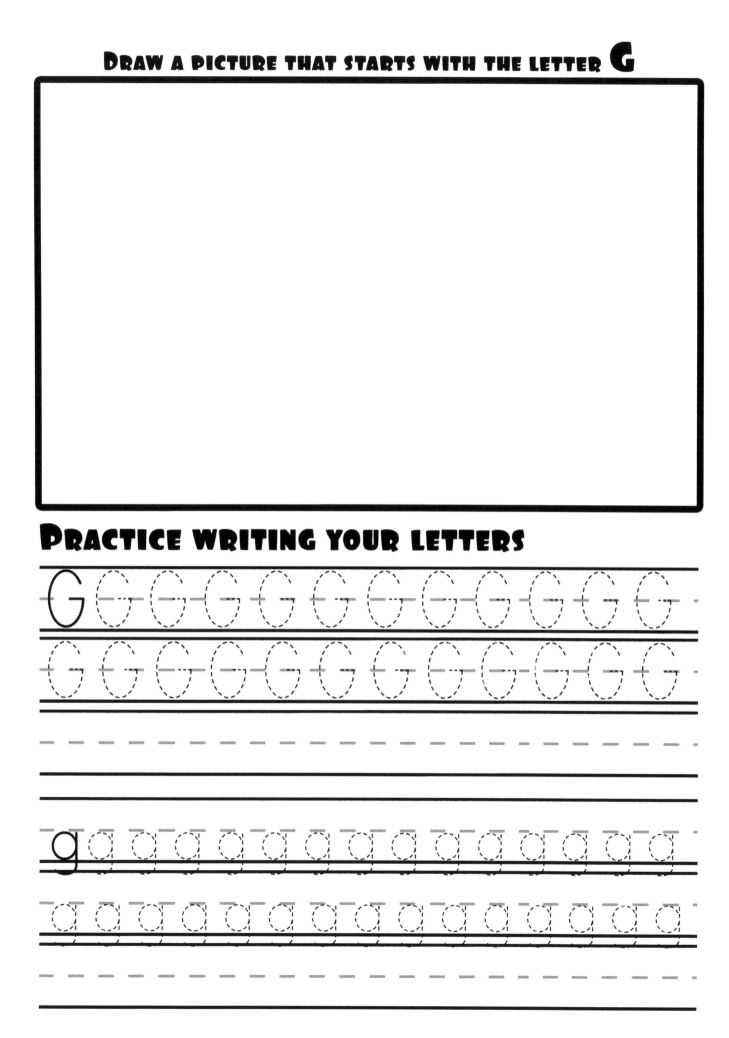

DRAW A PICTURE THAT STARTS WITH THE LETTER H

PRACTICE WRITING YOUR LETTERS

DRAW A PICTURE THAT STARTS WITH THE LETTER I

PRACTICE WRITING YOUR LETTERS

DRAW A PICTURE THAT STARTS WITH THE LETTER J

PRACTICE WRITING YOUR LETTERS

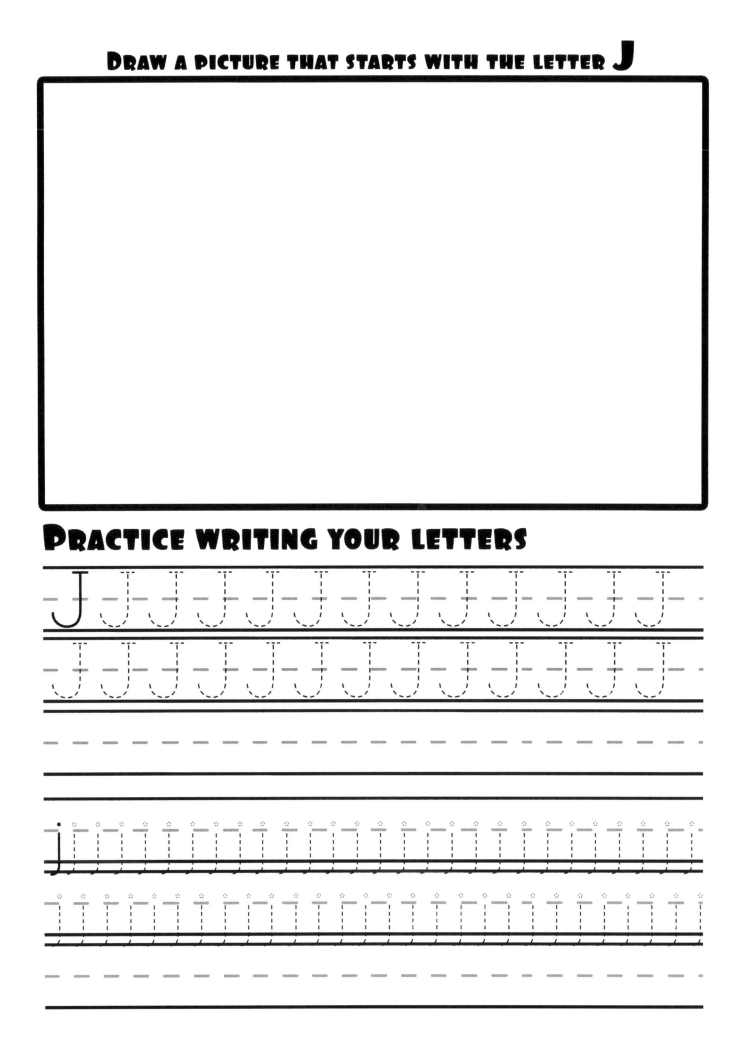

PRACTICE WRITING YOUR LETTERS

DRAW A PICTURE THAT STARTS WITH THE LETTER L

PRACTICE WRITING YOUR LETTERS

DRAW A PICTURE THAT STARTS WITH THE LETTER M

PRACTICE WRITING YOUR LETTERS

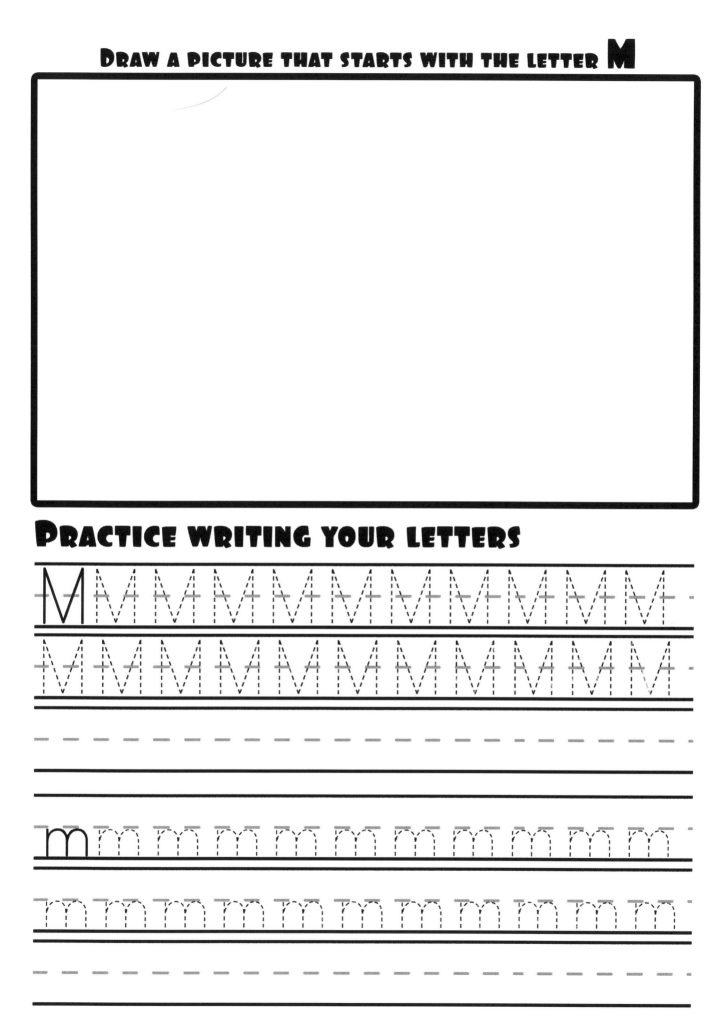

DRAW A PICTURE THAT STARTS WITH THE LETTER N

PRACTICE WRITING YOUR LETTERS

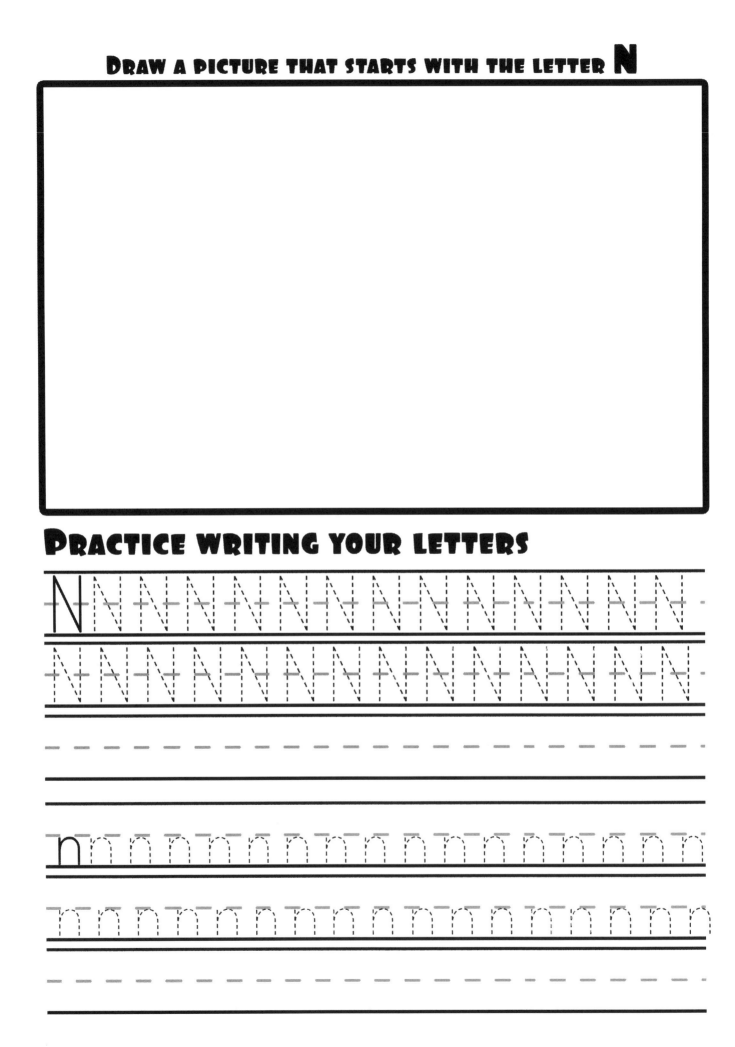

DRAW A PICTURE THAT STARTS WITH THE LETTER O

PRACTICE WRITING YOUR LETTERS

DRAW A PICTURE THAT STARTS WITH THE LETTER P

PRACTICE WRITING YOUR LETTERS

P P P P P P P P P P P P P

P P P P P P P P P P P P P

p p p p p p p p p p p p p

p p p p p p p p p p p p p

DRAW A PICTURE THAT STARTS WITH THE LETTER Q

PRACTICE WRITING YOUR LETTERS

Q Q Q Q Q Q Q Q Q Q Q Q Q

Q Q Q Q Q Q Q Q Q Q Q Q

q q q q q q q q q q q q q q

q q q q q q q q q q q q q

DRAW A PICTURE THAT STARTS WITH THE LETTER R

PRACTICE WRITING YOUR LETTERS

R R R R R R R R R R R R R R R R R

R R R R R R R R R R R R R R R R R

r r r r r r r r r r r r r r r r r r r r r r r

r r r r r r r r r r r r r r r r r r r r r r r

DRAW A PICTURE THAT STARTS WITH THE LETTER S

PRACTICE WRITING YOUR LETTERS

DRAW A PICTURE THAT STARTS WITH THE LETTER T

PRACTICE WRITING YOUR LETTERS

DRAW A PICTURE THAT STARTS WITH THE LETTER U

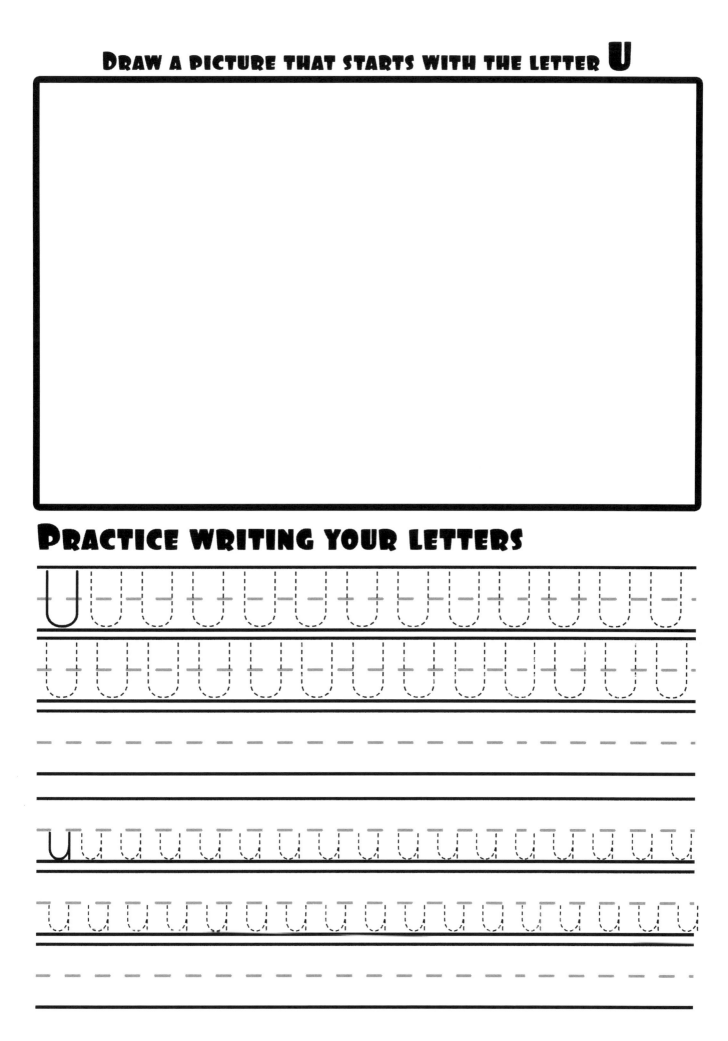

PRACTICE WRITING YOUR LETTERS

DRAW A PICTURE THAT STARTS WITH THE LETTER V

PRACTICE WRITING YOUR LETTERS

DRAW A PICTURE THAT STARTS WITH THE LETTER W

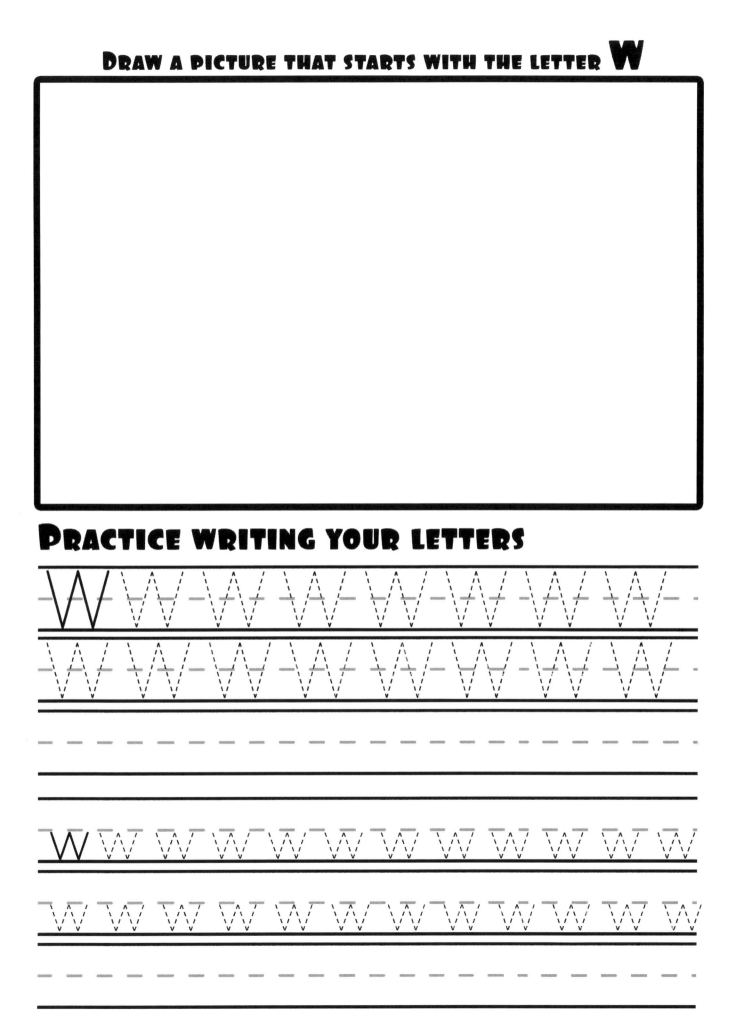

PRACTICE WRITING YOUR LETTERS

DRAW A PICTURE THAT STARTS WITH THE LETTER X

PRACTICE WRITING YOUR LETTERS

X X X X X X X X X X X X X X X X

X X X X X X X X X X X X X X X X

X X X X X X X X X X X X X X X X X X X

X X X X X X X X X X X X X X X X X X X

DRAW A PICTURE THAT STARTS WITH THE LETTER Y

PRACTICE WRITING YOUR LETTERS

DRAW A PICTURE THAT STARTS WITH THE LETTER Z

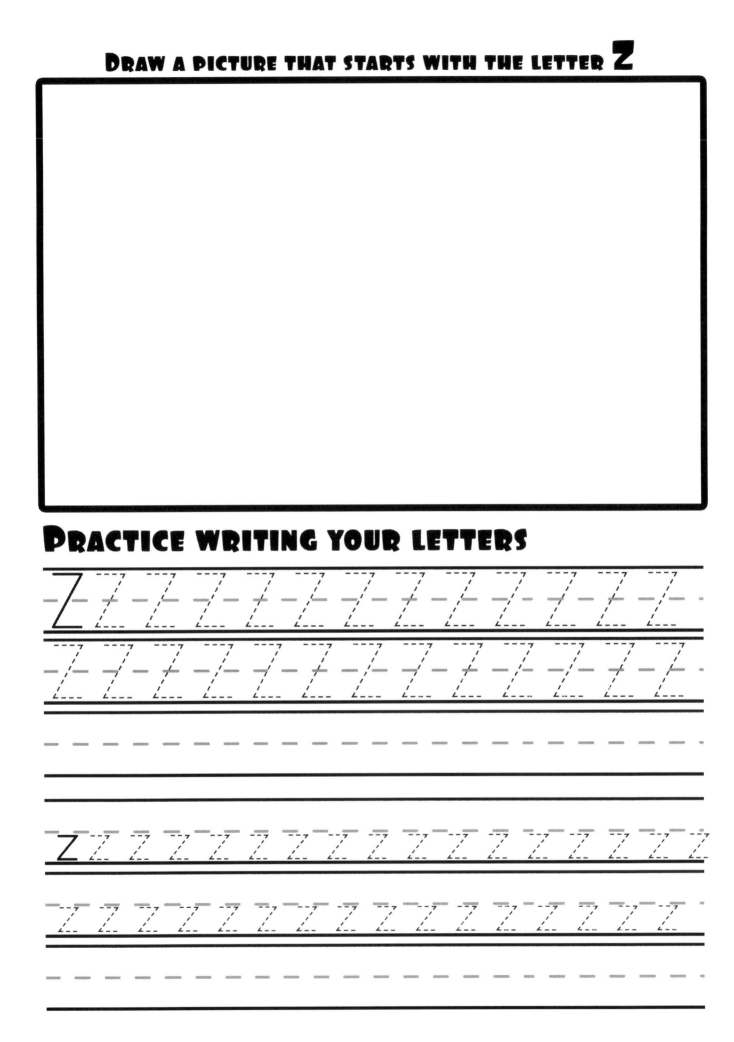

PRACTICE WRITING YOUR LETTERS

DRAW A PICTURE THAT STARTS WITH THE LETTER A

PRACTICE WRITING YOUR LETTERS

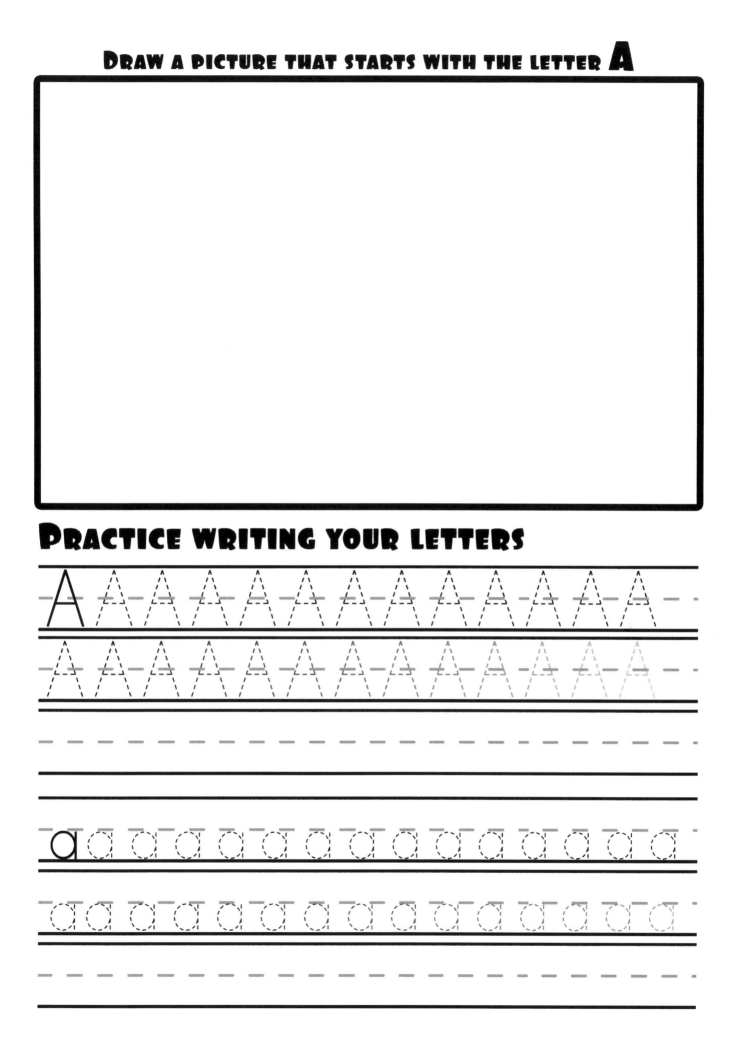

DRAW A PICTURE THAT STARTS WITH THE LETTER B

PRACTICE WRITING YOUR LETTERS

B B B B B B B B B B B B B B

B B B B B B B B B B B B B

b b b b b b b b b b b b b

b b b b b b b b b b b b b b

DRAW A PICTURE THAT STARTS WITH THE LETTER C

PRACTICE WRITING YOUR LETTERS

C C C C C C C C C C C C C C

C C C C C C C C C C C C C

c c c c c c c c c c c c c c

c c c c c c c c c c c c c c

DRAW A PICTURE THAT STARTS WITH THE LETTER D

PRACTICE WRITING YOUR LETTERS

D D D D D D D D D D D D D D D D

D D D D D D D D D D D D D D D D

d d d d d d d d d d d d

d d d d d d d d d d d d d

DRAW A PICTURE THAT STARTS WITH THE LETTER E

PRACTICE WRITING YOUR LETTERS

E E E E E E E E E E E E E E

E E E E E E E E E E E E E E

e e e e e e e e e e e e e e

e e e e e e e e e e e e e e e

DRAW A PICTURE THAT STARTS WITH THE LETTER F

PRACTICE WRITING YOUR LETTERS

DRAW A PICTURE THAT STARTS WITH THE LETTER G

PRACTICE WRITING YOUR LETTERS

G G G G G G G G G G G

G G G G G G G G G G G

g a a a a a a a a a a a

a a a a a a a a a a a a

DRAW A PICTURE THAT STARTS WITH THE LETTER H

PRACTICE WRITING YOUR LETTERS

DRAW A PICTURE THAT STARTS WITH THE LETTER I

PRACTICE WRITING YOUR LETTERS

DRAW A PICTURE THAT STARTS WITH THE LETTER J

PRACTICE WRITING YOUR LETTERS

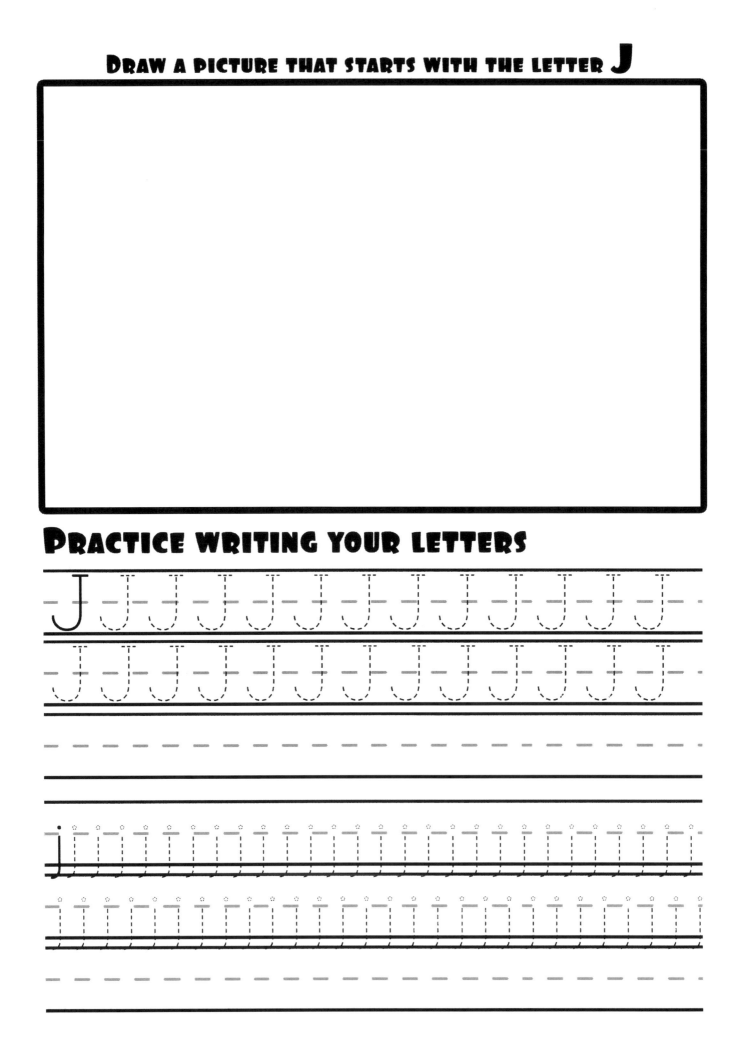

DRAW A PICTURE THAT STARTS WITH THE LETTER K

PRACTICE WRITING YOUR LETTERS

K K K K K K K K K K K K K K

K K K K K K K K K K K K K K

k k k k k k k k k k k k k k k

k k k k k k k k k k k k k k k

DRAW A PICTURE THAT STARTS WITH THE LETTER L

PRACTICE WRITING YOUR LETTERS

DRAW A PICTURE THAT STARTS WITH THE LETTER M

PRACTICE WRITING YOUR LETTERS

M M M M M M M M M M M M

M M M M M M M M M M M

m m m m m m m m m m m

m m m m m m m m m m m

DRAW A PICTURE THAT STARTS WITH THE LETTER N

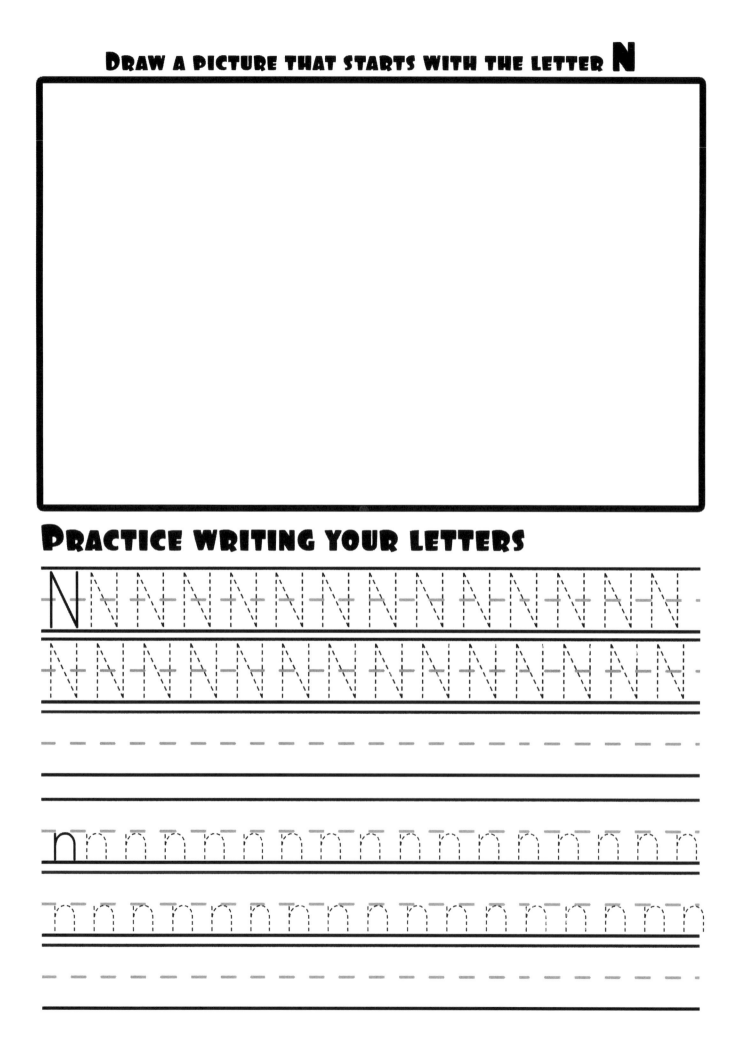

PRACTICE WRITING YOUR LETTERS

DRAW A PICTURE THAT STARTS WITH THE LETTER O

PRACTICE WRITING YOUR LETTERS

DRAW A PICTURE THAT STARTS WITH THE LETTER P

PRACTICE WRITING YOUR LETTERS

P P P P P P P P P P P P P P

P P P P P P P P P P P P P P P

p p p p p p p p p p p p p p

p p p p p p p p p p p p p p p

DRAW A PICTURE THAT STARTS WITH THE LETTER Q

PRACTICE WRITING YOUR LETTERS

Q Q Q Q Q Q Q Q Q Q Q Q Q

Q Q Q Q Q Q Q Q Q Q Q Q Q

q q q q q q q q q q q q q

q q q q q q q q q q q q q

DRAW A PICTURE THAT STARTS WITH THE LETTER R

PRACTICE WRITING YOUR LETTERS

R R R R R R R R R R R R R

R R R R R R R R R R R R R

r r r r r r r r r r r r r r r r r r

r r r r r r r r r r r r r r r r r r r r r

DRAW A PICTURE THAT STARTS WITH THE LETTER S

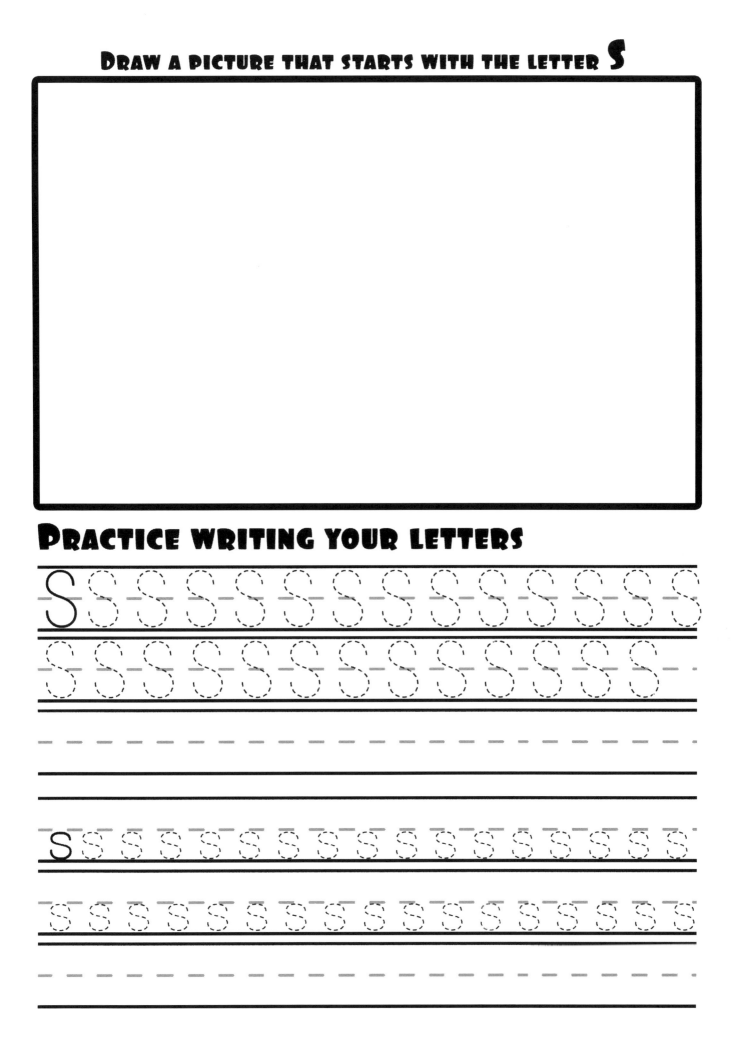

PRACTICE WRITING YOUR LETTERS

DRAW A PICTURE THAT STARTS WITH THE LETTER T

PRACTICE WRITING YOUR LETTERS

DRAW A PICTURE THAT STARTS WITH THE LETTER U

PRACTICE WRITING YOUR LETTERS

DRAW A PICTURE THAT STARTS WITH THE LETTER V

PRACTICE WRITING YOUR LETTERS

DRAW A PICTURE THAT STARTS WITH THE LETTER W

PRACTICE WRITING YOUR LETTERS

DRAW A PICTURE THAT STARTS WITH THE LETTER X

PRACTICE WRITING YOUR LETTERS

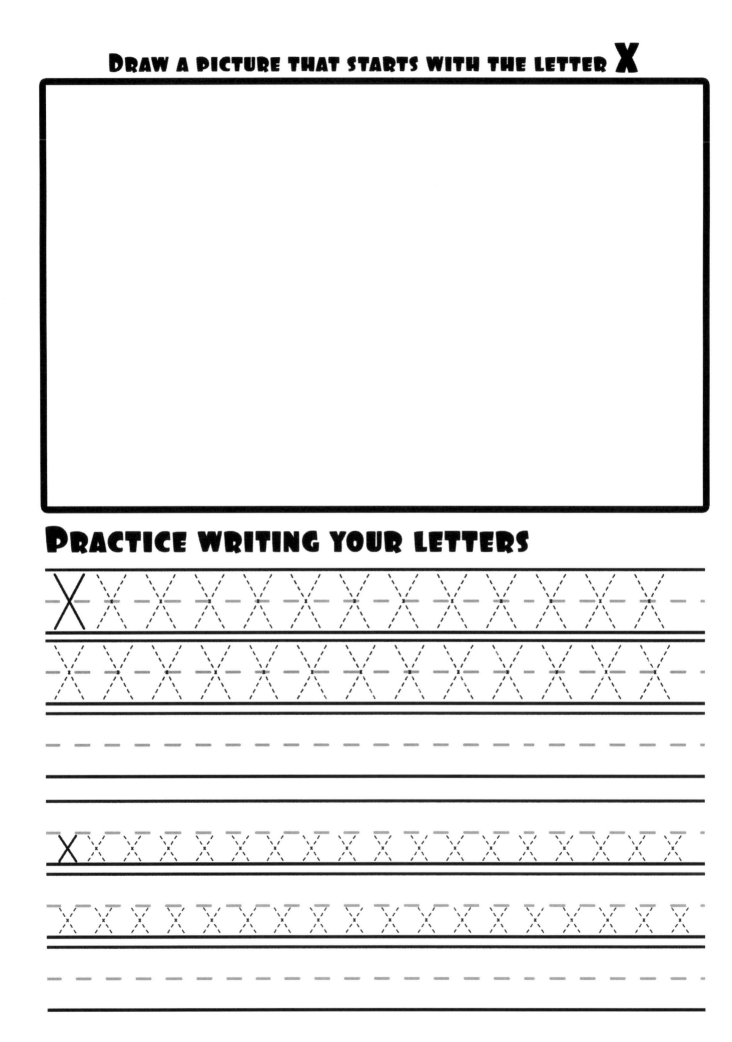

DRAW A PICTURE THAT STARTS WITH THE LETTER Y

PRACTICE WRITING YOUR LETTERS

Y Y Y Y Y Y Y Y Y Y Y Y Y Y Y Y

Y Y Y Y Y Y Y Y Y Y Y Y Y Y Y Y

y y y y y y y y y y y y y y y y

y y y y y y y y y y y y y y y y

DRAW A PICTURE THAT STARTS WITH THE LETTER Z

PRACTICE WRITING YOUR LETTERS

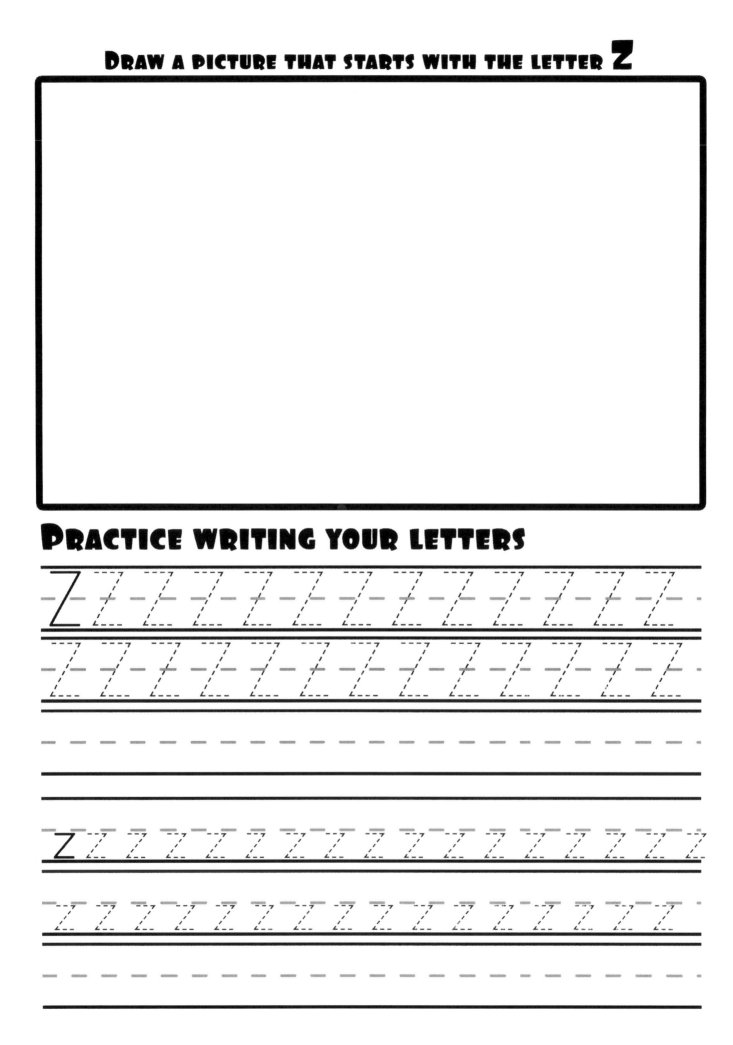

PRACTICE WRITING YOUR LETTERS

A A A A A A A A A A A A A A A

A A A A A A A A A A A A A A A A

a a a a a a a a a a a a a a a a

a a a a a a a a a a a a a a a a

DRAW A PICTURE THAT STARTS WITH THE LETTER B

PRACTICE WRITING YOUR LETTERS

B B B B B B B B B B B B B

B B B B B B B B B B B B B

b b b b b b b b b b b b b

b b b b b b b b b b b b b

DRAW A PICTURE THAT STARTS WITH THE LETTER C

PRACTICE WRITING YOUR LETTERS

C C C C C C C C C C C C

C C C C C C C C C C C C

c c c c c c c c c c c c c

c c c c c c c c c c c c c c

DRAW A PICTURE THAT STARTS WITH THE LETTER D

PRACTICE WRITING YOUR LETTERS

D D D D D D D D D D D D D D D

D D D D D D D D D D D D D D D

d d d d d d d d d d d d d d d

d d d d d d d d d d d d d d d

DRAW A PICTURE THAT STARTS WITH THE LETTER E

PRACTICE WRITING YOUR LETTERS

E E E E E E E E E E E E E E E E E

F F F F F F F F F F F F F F F F

e e e e e e e e e e e e e e e

e e e e e e e e e e e e e e e

DRAW A PICTURE THAT STARTS WITH THE LETTER F

PRACTICE WRITING YOUR LETTERS

F F F F F F F F F F F F F F

F F F F F F F F F F F F F F

f f f f f f f f f f f f f f f f f

f f f f f f f f f f f f f f f f f f

DRAW A PICTURE THAT STARTS WITH THE LETTER G

PRACTICE WRITING YOUR LETTERS

G G G G G G G G G G G

G G G G G G G G G G G

g a a a a a a a a a a a a

a a a a a a a a a a a a

DRAW A PICTURE THAT STARTS WITH THE LETTER H

PRACTICE WRITING YOUR LETTERS

DRAW A PICTURE THAT STARTS WITH THE LETTER I

PRACTICE WRITING YOUR LETTERS

DRAW A PICTURE THAT STARTS WITH THE LETTER J

PRACTICE WRITING YOUR LETTERS

J J J J J J J J J J J J J J

J J J J J J J J J J J J J J

j j j j j j j j j j j j j j j j j j j j j

j j j j j j j j j j j j j j j j j j j j j

DRAW A PICTURE THAT STARTS WITH THE LETTER K

PRACTICE WRITING YOUR LETTERS

K K K K K K K K K K K K K K

K K K K K K K K K K K K K K

k k k k k k k k k k k k k k k

k k k k k k k k k k k k k k k

DRAW A PICTURE THAT STARTS WITH THE LETTER L

PRACTICE WRITING YOUR LETTERS

DRAW A PICTURE THAT STARTS WITH THE LETTER M

PRACTICE WRITING YOUR LETTERS

M M M M M M M M M M M M

M M M M M M M M M M M M

m m m m m m m m m m m m

m m m m m m m m m m m m

DRAW A PICTURE THAT STARTS WITH THE LETTER N

PRACTICE WRITING YOUR LETTERS

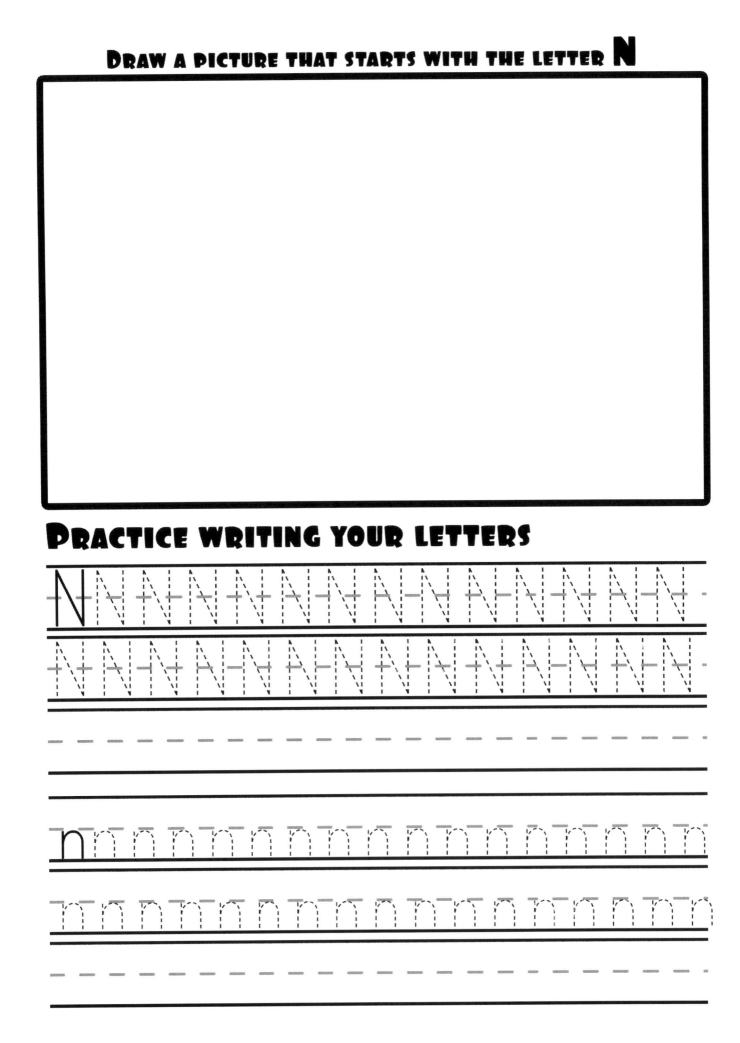

DRAW A PICTURE THAT STARTS WITH THE LETTER O

PRACTICE WRITING YOUR LETTERS

DRAW A PICTURE THAT STARTS WITH THE LETTER P

PRACTICE WRITING YOUR LETTERS

P P P P P P P P P P P P P

P P P P P P P P P P P P

p p p p p p p p p p p p p

p p p p p p p p p p p p p

DRAW A PICTURE THAT STARTS WITH THE LETTER Q

PRACTICE WRITING YOUR LETTERS

Q Q Q Q Q Q Q Q Q Q Q Q

Q Q Q Q Q Q Q Q Q Q Q

q q q q q q q q q q q q

q q q q q q q q q q q

DRAW A PICTURE THAT STARTS WITH THE LETTER R

PRACTICE WRITING YOUR LETTERS

R R R R R R R R R R R R R

R R R R R R R R R R R R

r r r r r r r r r r r r r r r r r

r r r r r r r r r r r r r r r r r r

DRAW A PICTURE THAT STARTS WITH THE LETTER S

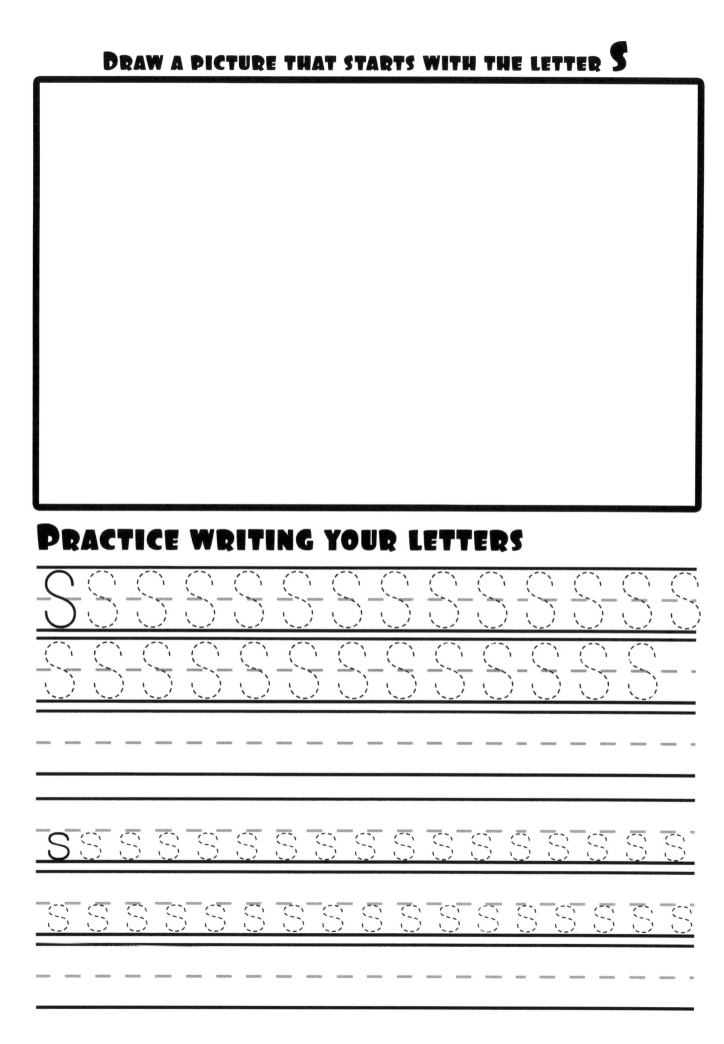

PRACTICE WRITING YOUR LETTERS

DRAW A PICTURE THAT STARTS WITH THE LETTER T

PRACTICE WRITING YOUR LETTERS

DRAW A PICTURE THAT STARTS WITH THE LETTER U

PRACTICE WRITING YOUR LETTERS

DRAW A PICTURE THAT STARTS WITH THE LETTER V

PRACTICE WRITING YOUR LETTERS

V V V V V V V V V V V V V V V V V

V V V V V V V V V V V V V V V V V

v v v v v v v v v v v v v v v v v

v v v v v v v v v v v v v v v v v

DRAW A PICTURE THAT STARTS WITH THE LETTER W

PRACTICE WRITING YOUR LETTERS

DRAW A PICTURE THAT STARTS WITH THE LETTER X

PRACTICE WRITING YOUR LETTERS

DRAW A PICTURE THAT STARTS WITH THE LETTER Y

PRACTICE WRITING YOUR LETTERS

DRAW A PICTURE THAT STARTS WITH THE LETTER Z

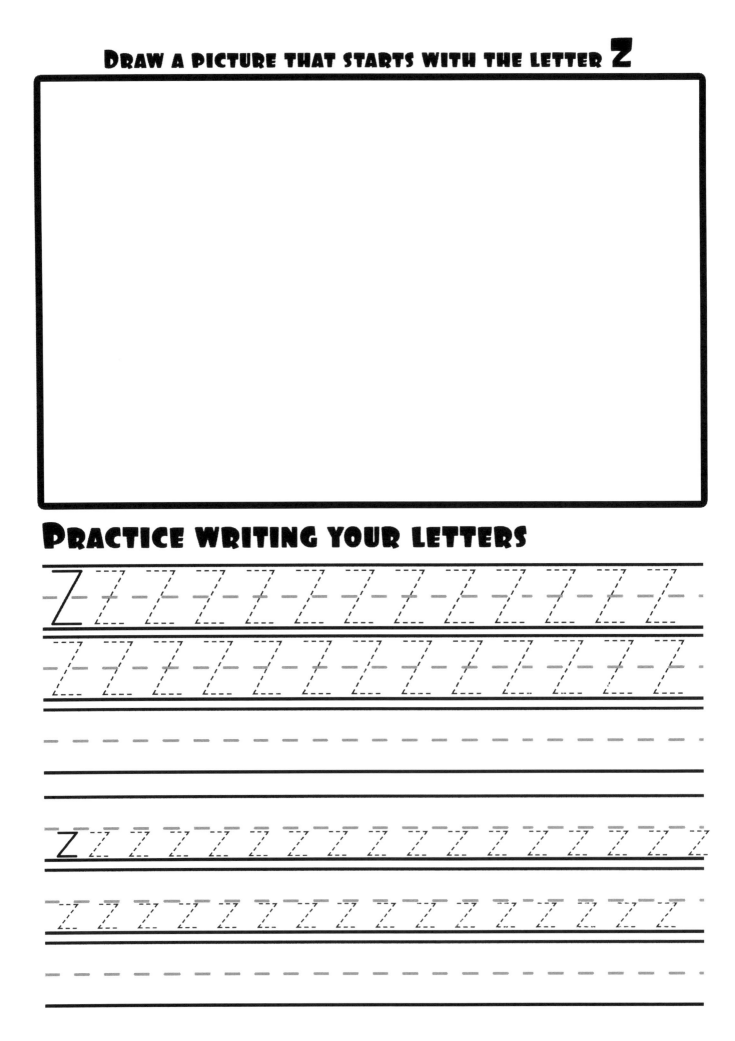

PRACTICE WRITING YOUR LETTERS

DRAW A PICTURE THAT STARTS WITH THE LETTER A

PRACTICE WRITING YOUR LETTERS

DRAW A PICTURE THAT STARTS WITH THE LETTER B

PRACTICE WRITING YOUR LETTERS

B B B B B B B B B B B B B B
B B B B B B B B B B B B B B

b b b b b b b b b b b b b b
b b b b b b b b b b b b b b

DRAW A PICTURE THAT STARTS WITH THE LETTER C

PRACTICE WRITING YOUR LETTERS

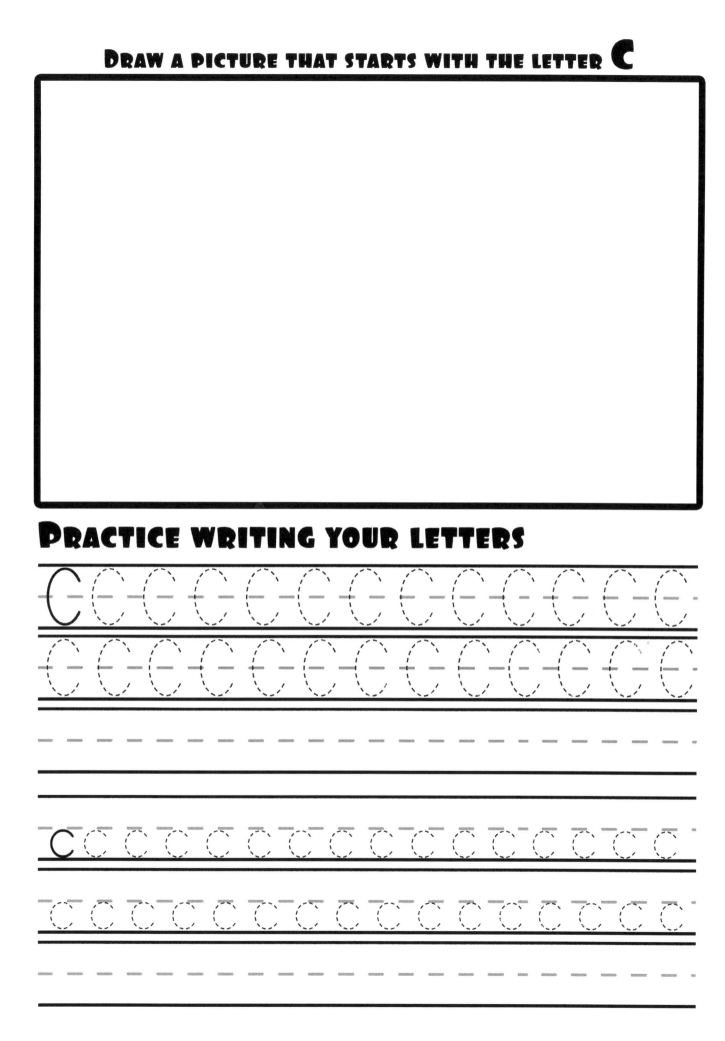

DRAW A PICTURE THAT STARTS WITH THE LETTER D

PRACTICE WRITING YOUR LETTERS

D D D D D D D D D D D D D D

D D D D D D D D D D D D D D

d d d d d d d d d d d d d d

d d d d d d d d d d d d d d

DRAW A PICTURE THAT STARTS WITH THE LETTER E

PRACTICE WRITING YOUR LETTERS

DRAW A PICTURE THAT STARTS WITH THE LETTER F

PRACTICE WRITING YOUR LETTERS

F F F F F F F F F F F F F F

F F F F F F F F F F F F F F

f f f f f f f f f f f f f f f f

f f f f f f f f f f f f f f f f

DRAW A PICTURE THAT STARTS WITH THE LETTER G

PRACTICE WRITING YOUR LETTERS

G G G G G G G G G G G G

G G G G G G G G G G G G

g a a a a a a a a a a a a

a a a a a a a a a a a a

DRAW A PICTURE THAT STARTS WITH THE LETTER H

PRACTICE WRITING YOUR LETTERS

DRAW A PICTURE THAT STARTS WITH THE LETTER I

PRACTICE WRITING YOUR LETTERS

DRAW A PICTURE THAT STARTS WITH THE LETTER J

PRACTICE WRITING YOUR LETTERS

J J J J J J J J J J J J J J J

J J J J J J J J J J J J J J

j j j j j j j j j j j j j j j j

j j j j j j j j j j j j j j j

DRAW A PICTURE THAT STARTS WITH THE LETTER K

PRACTICE WRITING YOUR LETTERS

K K K K K K K K K K K K K K K

K K K K K K K K K K K K K K

k k k k k k k k k k k k k k k k

k k k k k k k k k k k k k k k k

DRAW A PICTURE THAT STARTS WITH THE LETTER L

PRACTICE WRITING YOUR LETTERS

DRAW A PICTURE THAT STARTS WITH THE LETTER M

PRACTICE WRITING YOUR LETTERS

M M M M M M M M M M M M M M M

M M M M M M M M M M M M M M M

m m m m m m m m m m m

m m m m m m m m m m m

DRAW A PICTURE THAT STARTS WITH THE LETTER N

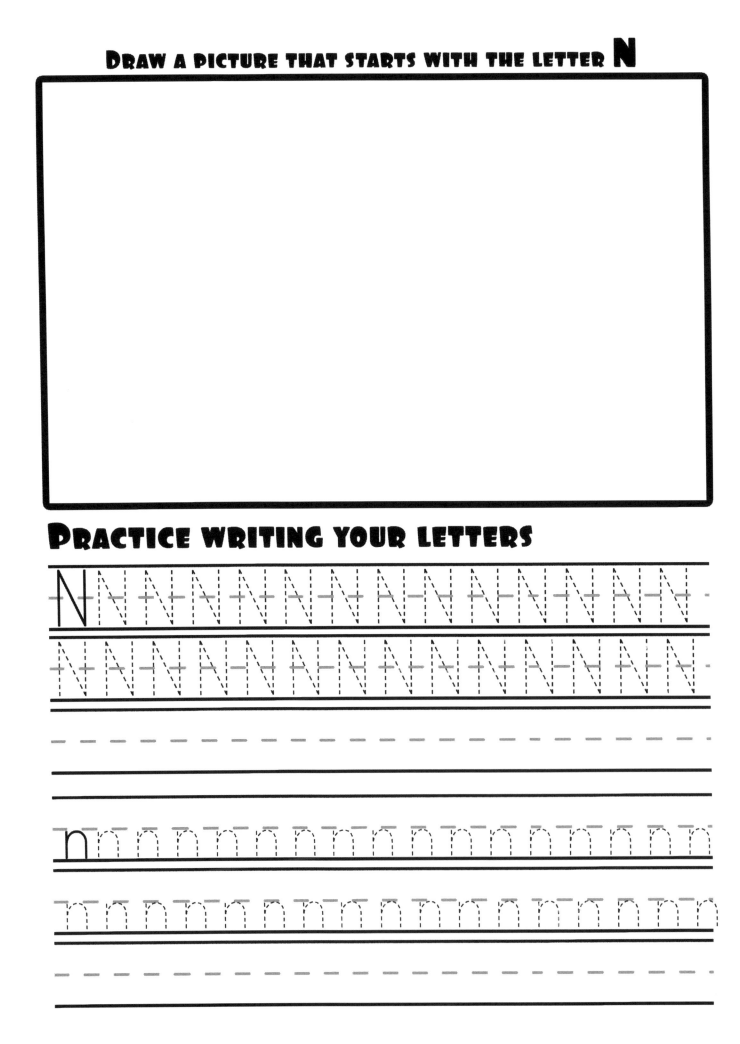

PRACTICE WRITING YOUR LETTERS

DRAW A PICTURE THAT STARTS WITH THE LETTER O

PRACTICE WRITING YOUR LETTERS

DRAW A PICTURE THAT STARTS WITH THE LETTER P

PRACTICE WRITING YOUR LETTERS

P P P P P P P P P P P P P

P P P P P P P P P P P P P

p p p p p p p p p p p p p

p p p p p p p p p p p p p

DRAW A PICTURE THAT STARTS WITH THE LETTER Q

PRACTICE WRITING YOUR LETTERS

Q Q Q Q Q Q Q Q Q Q Q Q Q

Q Q Q Q Q Q Q Q Q Q Q Q Q

q q q q q q q q q q q q q q

q q q q q q q q q q q q q q

DRAW A PICTURE THAT STARTS WITH THE LETTER R

PRACTICE WRITING YOUR LETTERS

R R R R R R R R R R R R

R R R R R R R R R R R R

r r r r r r r r r r r r r r r r r r

r r r r r r r r r r r r r r r r r r

DRAW A PICTURE THAT STARTS WITH THE LETTER S

PRACTICE WRITING YOUR LETTERS

S S S S S S S S S S S S

S S S S S S S S S S S S

s s s s s s s s s s s s s s

s s s s s s s s s s s s s s

DRAW A PICTURE THAT STARTS WITH THE LETTER T

PRACTICE WRITING YOUR LETTERS

DRAW A PICTURE THAT STARTS WITH THE LETTER U

PRACTICE WRITING YOUR LETTERS

DRAW A PICTURE THAT STARTS WITH THE LETTER V

PRACTICE WRITING YOUR LETTERS

DRAW A PICTURE THAT STARTS WITH THE LETTER W

PRACTICE WRITING YOUR LETTERS

DRAW A PICTURE THAT STARTS WITH THE LETTER X

PRACTICE WRITING YOUR LETTERS

DRAW A PICTURE THAT STARTS WITH THE LETTER Y

PRACTICE WRITING YOUR LETTERS

DRAW A PICTURE THAT STARTS WITH THE LETTER Z

PRACTICE WRITING YOUR LETTERS

57037602R00060

Made in the USA
Lexington, KY
06 November 2016